거룩한 가정공동체를 위한

가정 기도 길잡이

목차.

들어가면서 ·· 04

01. 신앙인의 기도 생활 ———— 06
1. 기도 자리 만들기
2. 하루를 거룩하게 만드는 기도 생활

02. 기도문
1. 혼인 ·· 09
- 미래의 배우자를 위한 기도
- 혼인을 준비하며 바치는 기도(약혼자의 기도)
- 신혼부부의 기도 1
- 신혼부부의 기도 2
- 혼인하는 이들(가족, 지인 등)을 위한 기도

2. 부부 ·· 14
- 결혼기념일에 바치는 부부의 기도
- 부부가 하는 매일의 축복
- 갈등을 겪고 있는 부부의(부부를 위한) 기도
- 영명 축일에 바치는 부부의 기도

3. 임신, 출산, 입양 ···························· 18
- 자녀를 바라는 기도(임신/입양)
- 태아를 위한 기도
- 자녀를 낳은 가정의 감사기도(출산/입양)
- 새로 맞이하는 자녀를 위한 축복(출산/입양)

4. 자녀 ·· 22
- 자녀를 위한 기도 1
- 자녀를 위한 기도 2
- 자녀에게 하는 매일의 축복
- 자녀의 생일에 하는 기도
- 자녀의 영명 축일에 하는 기도
- 성인이 되는 자녀를 위한 기도
- 어린 자녀가 바치는 기도
  1) 할머니, 할아버지를 위한 기도
  2) 아빠를 위한 기도
  3) 엄마를 위한 기도
  4) 선생님을 위한 기도
  5) 어린이 봉사자의 기도
     (복사단, 전례단, 성가대 등)

5. 부모 ——————————— 30
- 부모를 위한 기도
- 조부모를 위한 기도

6. 슬퍼하는 이들을 위한 기도 ——— 32
- 세상을 떠난 가족을 위한 기도
- 자녀를 잃은 이들을 위한 기도
- 낙태로 아파하는 이들을 위한 기도
- 반려동물을 떠나보낸 가족의 기도

7. 가정 ——————————— 36
- 가정을 위한 기도
- 가족의 안전을 위한 기도
- 아픈 가족을 위한 기도
- 위기를 겪고 있는 가정의(가정을 위한) 기도

03. 함께 바치는 가정 기도 예식 — 40
1. 말씀과 함께하는 가정 기도
2. 가족 축복 예식
3. 성모님과 함께하는 가정을 위한 기도
4. 가정 제례 예식

부록. 가정 기도 길잡이 독서 목록 ——— 49

들어가면서

가정은 생명과 신앙의 기초가 되는 공동체로서, 복음을 나누고 세상에 복음을 전하는 작은 교회입니다. 혼인과 출산을 통해 새로운 가정 공동체가 끊임없이 생겨나고 있으며, 독신 생활을 비롯하여 다양한 구성원으로 이루어진 여러 형태의 가정 공동체도 있습니다.

본 「가정 기도 길잡이」는 혼인 준비부터 부부로서 새로운 삶을 살아가는 모든 과정, 그리고 잉태의 순간부터 지상 생활을 마치는 일생의 모든 순간이 하느님 안에서, 하느님과 함께 살아가는 삶임을 기억하고 봉헌하는 데에 도움을 드리고자 마련되었습니다.

여러 기도와 예식을 활용하여 개인적으로 또는 가족이 함께, 본인과 가정 그리고 이웃을 위해 기도를 봉헌할 수 있습니다. 특별한 지향에 대한 기도문을 찾지 못했을 때에는 미사 참례, 말씀 묵상, 성체 조배, 묵주 기도, 주님의 기도, 성모송, 영광송 등 교회의 공식적인 기도들을 봉헌하는 것이 좋겠습니다.

이 「가정 기도 길잡이」를 통해 모든 가정 공동체가 하느님의 사랑 안에서 기쁨의 여정을 살아가기를 희망합니다.

"신앙에 대해 무관심하며 적의까지도 품는 이 세상에서, 이 시대의 신앙인들의 가정은 활력이 넘치고 빛을 발하는 신앙의 요람으로서 중요한 역할을 한다. … 인내와 노동의 기쁨, 형제애, 거듭되는 너그러운 용서, 그리고 특히 기도와 삶의 봉헌을 통하여 하느님을 경배하는 것을 배우는 곳이 가정이다."

- 가톨릭 교회 교리서 1656-1657항

01 신앙인의 기도 생활

'기도 생활'은 신앙인으로서 끊임없이 성장하여 하느님의 성숙한 자녀로 살아가기 위한 기초입니다. 진정으로 예수님을 따르기를 바라고, 예수님을 향한 사랑이 자라나 지속되기를 원한다면, 열심히 기도하십시오. 우리는 기도를 통해서 하느님과 만날 수 있고 특별한 관계를 맺을 수 있습니다. 기도는 나를 향한 하느님의 사랑을 더 많이 발견하고 깨닫게 하여 깊은 믿음을 고백하도록 이끌어줍니다.

더불어 우리는 기도 안에서 채워진 나의 기쁨과 행복을 통해 가족과 이웃 또한 기쁨의 여정에 동참하게 됩니다. 나아가 돌봄이 필요한 모든 이를 위해 기도할 수 있고, 기도해야 하며, 이로써 온 세상에 참된 평화를 나눌 수 있을 것입니다.

> "언제나 기뻐하십시오. 끊임없이 기도하십시오. 모든 일에 감사하십시오. 이것이 그리스도 예수님 안에서 살아가는 여러분에게 바라시는 하느님의 뜻입니다."
>
> 1테살 5,16-18

① 기도 자리 만들기

언제 어디서나 기도할 수 있지만 보다 경건한 기도가 될 수 있도록 가정이나 직장 혹은 주로 머무는 자리에 작은 기도 공간을 마련해 보십시오. 십자고상과 성상, 성화, 초 그리고 성경과 가톨릭 기도서, 「가정 기도 길잡이」 등을 준비할 수 있습니다. 정해진 시간에 꾸준히 기도하는 습관을 들이는 것이 좋습니다.

② 하루를 거룩하게 만드는 기도 생활

하루의 삶을 하느님 안에서 거룩하게 살아가도록 아침 기도와 저녁 기도, 삼종 기도, 식사 전·후 기도, 화살기도, 묵주 기도 등을 바쳐봅시다. 특별히 아침·저녁 기도 끝에 세상을 떠난 가족과 이웃을 위해, 아픔을 겪고 있는 이들을 위해 기도를 바칠 수 있습니다. 계획에 따라 성경을 읽거나 매일 미사의 독서와 복음을 통해 말씀을 가까이하는 습관을 들이는 것도 매우 유익합니다.

02 기도문

- 혼인
- 부부
- 임신, 출산, 입양
- 자녀
- 부모
- 슬퍼하는 이들을 위한 기도
- 가정

1 혼인

미래의 배우자를 위한 기도

모든 사랑의 근원이신 주님,
언제나 빛과 도움이 되어주시는 당신께 감사드립니다.
미래의 삶을 계획하는 중요한 여정에서
제 인생의 동반자가 될 사람을 지혜롭게 선택할 수 있도록
은총의 빛을 비추어주시고
겸손하고 진실된 마음을 간직하여
새로운 만남이 당신의 부르심에 대한
합당한 응답이 되도록 이끌어주소서.

성모 마리아와 성 요셉,
저와 미래의 배우자가 변함없는 사랑으로 하나 되어
성가정의 모범을 따르는 삶을 살 수 있도록 전구해주소서.
우리 주 그리스도를 통하여 비나이다.
아멘.

혼인을 준비하며 바치는 기도(약혼자의 기도)

좋으신 하느님 아버지,
저희 두 사람을 사랑으로 창조하시고
저희의 만남을 아름답게 돌보시어
혼인이라는 귀한 결심에 이르도록 이끌어주심에 감사드립니다.

간절히 청하오니
저희가 나아가는 모든 걸음에 동행하여 주시고
갈등과 다툼이 있을 때에는 배려와 사랑으로 용서하고 화해하여
저희의 결심이 더욱 굳건해지도록 지혜와 용기를 주소서.
저희가 평생토록 깊이 사랑하며
주님 사랑의 모범이 되는 성가정을 본받아
많은 이에게 당신의 사랑을 전하는 도구 되게 하소서.
우리 주 그리스도를 통하여 비나이다.
아멘.

신혼부부의 기도 1

주님,
당신의 은총으로 하나 된 저희 부부가
이제 새로운 삶을 시작합니다.
저희가 살아가는 모든 순간에
당신께서 함께 계심을 깨달아
언제나 주님의 빛을 따르는 부부가 되게 하소서.
서로를 대하는 눈빛과 말투에서 사랑과 배려가 넘치게 하시고
몸과 마음을 거룩하게 하시어 생명을 나누는 동반자가 되게 해주소서.
저희의 일치를 방해하는 온갖 유혹에서 지켜주시고
의심과 상처로 혼란스러울 때
당신 앞에서 고백한 믿음과 사랑을 기억하게 하소서.
저희가 혼인의 기쁨을 변함없이 간직하고
당신 뜻을 따르는 겸손한 부부가 되어
마침내 그리스도와 함께 부활의 영광에 이르게 하소서.
아멘.

신혼부부의 기도 2

하느님 아버지,
지금까지 저희에게 베풀어주신 모든 은혜에 감사드리며
특별히 부부로 맺어주심에 감사드립니다.
저희가 언제나 당신 안에 머물며
당신 앞에서 서약한 결심을 지킬 수 있도록 지혜와 은총을 내려주소서.

주님,
어떤 시련도 저희의 사랑과 신뢰를 갈라놓지 못하도록 지켜주시고
매일의 삶에서 당신의 사랑과 자비에 의탁하게 하소서.
우리 주 그리스도를 통하여 비나이다.
아멘.

혼인하는 이들(가족, 지인 등)을 위한 기도

창조주이신 하느님 아버지,
부부로서 새 삶을 시작하는
OOO와 OOO 두 사람을 축복하시고
당신의 사랑 안에서 두 사람이 하나 되도록 이끌어주소서.
어려움을 마주할 때 좌절하지 않도록 위로와 용기를 주시고
아픔과 슬픔을 사랑으로 감싸 안게 하소서.
두 사람이 성모님과 성 요셉을 본받아
한평생 사랑하며 살게 하소서.
아멘.

부부 2

결혼기념일에 바치는 부부의 기도

주 하느님,
저희의 혼인 서약을 되새기는 특별한 오늘
당신의 은총을 청하며 기도드립니다.
저의 아내 OOO, 남편 OOO를
서로 온전히 사랑하고 사랑받을 수 있는 선물로 보내주셨음에
감사드립니다.

당신께서 저희를 바라보는 그 사랑의 눈으로
서로를 바라볼 수 있도록 날마다 돌보아주시고
당신께서 저희와 함께하시는 것처럼
저희도 서로 인내할 수 있는 힘을 주소서.
용서와 화해를 청함에 있어 주저하지 않을 용기를 주시고
서로를 당연하게 여기려는 유혹을 피하도록 도와주소서.

주님,
저희 부부를 축복하시어 당신의 도움으로 언제나 일치하게 하시고
저희가 만나는 이들이 저희 안에서
당신의 사랑을 발견할 수 있게 해주소서.
아멘.

부부가 하는 매일의 축복

부부는 서로의 이마에 십자표를 그으며 다음과 같이 기도한다.

① 하느님, 저희 부부가 오늘도 당신 안에서 일치하게 하소서.
② 하느님, 저희 부부가 만나는 모든 이에게 사랑의 기쁨을 전하게 하소서.
③ 하느님, 저희 부부를 온갖 유혹과 위험에서 보호하소서.
④ 하느님, 저희 부부가 당신의 향기를 전하는 도구가 되게 하소서.
⑤ 하느님, 저희 부부가 서로를 따스한 눈길, 부드러운 손길, 친절한 말씨로 대하게 하소서.
⑥ 하느님, 저희 부부의 몸과 마음을 건강하게 돌보아주소서.
⑦ 하느님, 저희 부부가 오늘 하루를 온전히 주님께 의탁하게 하소서.
⑧ 하느님, 저희 부부가 매 순간 당신의 손길을 발견하게 하소서.

갈등을 겪고 있는 부부의(부부를 위한) 기도

하느님 아버지,
사람을 창조하실 때 남자와 여자가 하나 되기를 바라셨으니
혼인 서약으로 결합된 모든 이를 지켜주소서.

혼인 생활에서 시련을 겪고 있는
남편/아내와 제가 (OOO와 OOO 부부가)
즐거울 때나 괴로울 때나 성할 때나 아플 때나
일생 서로 사랑하고 존경하겠다는 혼인 서약을 기억하며
그 결심을 지킬 수 있도록 든든한 버팀목이 되어주소서.

저와 제 배우자가 (그 부부가)
서로에 대한 미움을 키우거나 상처를 주고받지 않도록
지혜와 인내의 은총을 주소서.
솔직한 마음을 나누되 서로의 다름을 인정하고
포용하려는 마음을 먼저 갖게 하시어
아픔을 딛고 당신께 의탁하는 부부가 되게 하소서.
우리 주 그리스도를 통하여 비나이다.
아멘.

영명 축일에 바치는 부부의 기도

당신의 자녀를 사랑으로 보살피시는 하느님 아버지,
영명 축일을 맞이하는 아내/남편 OOO를 위하여 기도드립니다.

주님께서는 OOO가 세례를 통하여
하느님의 자녀로 새로 태어나게 하시고
수호성인을 본받는 삶을 통하여
당신께 찬미와 영광을 드리게 하셨나이다.

OOO가 영육 간의 건강과 성숙한 신앙을 간직하게 하시고
성인들의 전구로 도움을 받아
현세에서 겪는 모든 어려움을 이겨내게 하소서.
그리하여 마지막 날에 우리 주 예수 그리스도와 함께
하느님 나라에서 영원한 행복을 누리게 하소서.
우리 주 그리스도를 통하여 비나이다.
아멘.

임신, 출산, 입양 3

자녀를 바라는 기도 (임신/입양)

생명의 근원이신 창조주 하느님,
저희 가정을 축복하시어
새 생명을 맞이하는 기쁨을 허락하소서.
당신의 뜻에 따라 새로운 가족을 바라는
저희의 마음이 겸손함을 잃지 않게 하시고
생명을 주관하시는 당신께 의탁할 수 있도록
힘과 용기를 주소서.
영원히 저희를 기르시는 하느님 아버지,
간절히 청하는 저희의 기도를 들어주시고
언제나 저희 곁에 머물러 주소서.
우리 주 그리스도를 통하여 비나이다.
아멘.

태아를 위한 기도

만물의 아버지이신 창조주 하느님,
사랑과 축복의 결실인 새 생명을 잉태하게 해주심에
깊은 감사와 찬미를 드리나이다.
소중한 생명이 잘 자라날 수 있도록
필요한 은총을 풍성히 내려주시고
건강한 모습으로 세상의 빛을 마주할 수 있는
은혜를 베풀어주소서.
이 아기를 저희의 바람보다
주님께서 바라시는 뜻에 따라 돌보고 기를 수 있도록
지혜와 용기를 주소서.
우리 주 그리스도를 통하여 비나이다.
아멘.

자녀를 낳은 가정의 감사기도 (출산/입양)

선하신 하느님,
OOO를 저희 가족으로 맞아들이게 해주심에 감사드립니다.
OOO가 저희와 함께하는 삶에서 그리스도의 사랑을 발견하여
선한 모든 것을 귀하게 여기며 살아가도록 이끌어주소서.
(또한, OOO의 형제자매도 이 아이와 함께 성장하는 기쁨을 누리게 하소서.)

저희가 당신 안에서 OOO를 만난 은총을 항상 기억하며
참된 믿음과 사랑을 나누는 보금자리를 이루게 하소서.
우리 주 그리스도를 통하여 비나이다.
아멘.

새로 맞이하는 자녀를 위한 축복 (출산/입양)

부모/가족은 아이의 이마에 십자표를 그으며 다음과 같이 기도한다.

① 창조주 하느님, OOO를 소중히 여겨주소서.
　구세주 그리스도님, OOO를 보호해주소서.
　위로자이신 성령님, OOO를 튼튼하게 해주소서.
② 모든 축복의 근원이시며 보호자이신 하느님,
　OOO에게 자비를 베푸소서.
③ 어린이들을 사랑하신 주 예수님,
　OOO를 축복하시고 영원토록 당신의 사랑으로 보호하소서.

자녀 4

자녀를 위한 기도 1

좋으신 하느님 아버지,
저의 자녀 OOO를 당신의 보호하심에 맡기나이다.

OOO가 지혜와 덕을 쌓으며 살게 하시고
세상의 악을 이겨내고 주님께 영광을 드릴 수 있도록
힘과 용기를 불어넣어 주소서.

OOO가 길을 잃지 않도록 지켜주시고
언제나 주님의 빛을 따라가도록 이끌어주시어
당신께 찬미와 영광이 되게 하소서.
우리 주 그리스도를 통하여 비나이다.
아멘.

자녀를 위한 기도 2

아버지 하느님,
저에게 사랑스런 자녀 OOO를 맡겨주셨으니
당신의 뜻에 따라 그를 성실히 돌보아 기르는
거룩한 책임을 다하도록 도와주소서.

단호하지만 온화한 태도로
옳고 그름을 가르치게 하시고
지혜로운 말과 행동으로
하느님 사랑을 드러내게 하소서.

저희 가정이 OOO를 있는 그대로 존중하고 사랑하며
주님과 함께 살아가는 참 기쁨을 누리게 하소서.
우리 주 그리스도를 통하여 비나이다.
아멘.

자녀에게 하는 매일의 축복

다음의 짧은 축복들은 자녀가 하루를 시작하거나 학교에 갈 때, 잠자리에 들 때와 같이 다양한 시간에 할 수 있는 짧은 축복이다. 자녀의 이마나 가슴에 십자 표시를 하며 다음의 축복을 한다. 소리를 내거나 혹은 침묵 중에 축복한다. 이외에도 자유롭게 축복을 청할 수 있다.

① 하느님 000를 축복해주세요.
② 하느님 000를 안전하게 지켜주세요.
③ 하느님 000와 함께해주세요.
④ 하느님 000의 마음 안에 들어와 주세요.
⑤ 하느님 000를 모든 악에서 보호해주세요.
⑥ 하느님 000의 마음에 평화를 주세요.
⑦ 하느님 000의 몸과 마음을 튼튼하게 해주세요.
⑧ 하느님 000가 당신의 사랑을 발견하게 해주세요.
⑨ 하느님 000가 늘 감사한 마음으로 살게 해주세요.
⑩ 하느님 000가 친구들과 사이좋게 지내게 해주세요.

자녀의 생일에 하는 기도

하느님 아버지,
당신의 아들 예수 그리스도의 탄생이
마리아와 요셉에게 큰 기쁨이 되었듯이
오늘 저희가 OOO의 생일을
함께 축하하고 기뻐하게 해주심에 감사드립니다.

OOO가 믿음과 희망과 사랑 안에서
성장할 수 있도록 축복하시어
하느님 보시기에 좋은
참된 자녀로 살아가도록 이끌어주소서.
우리 주 그리스도를 통하여 비나이다.
아멘.

자녀의 영명 축일에 하는 기도

다양한 이름으로 불리시는 영광의 하느님,
저희 자녀가 당신의 자녀로 새로 태어난 그날
"이 어린이의 세례명을 무엇이라고 짓겠습니까?"라는 질문을 받았고
저희는 OOO라고 대답했습니다.

이 아이가 수호성인의 도움으로
언제나 주님 안에 머물게 하시고
모든 악에서 벗어나 마침내 영원한 생명에 이르게 하소서.
우리 주 그리스도를 통하여 비나이다.
아멘.

성(녀) OOO,
저희 자녀 OOO를 위하여 빌어주소서.

성인이 되는 자녀를 위한 기도

자비로우신 하느님 아버지,
주님의 은총과 가족의 사랑 안에서
OOO가 건강하게 자라나게 해주심에
찬미와 영광을 드립니다.

간절히 청하오니
이제 성인이 되어 새로운 삶을 시작하는 OOO가
겸손한 말과 행동으로 모범이 되고
작은 일에 감사하며 기쁨을 나누게 하소서.
또한 시련과 혼란 속에서도 주님의 빛을 잃지 않고
굳건히 나아갈 수 있도록 이끌어주소서.
도움이 필요한 이들을 찾아 돌보는 선한 마음을 갖게 하시고
불의에 타협하거나 욕심과 이기심에 사로잡히지 않도록
지혜와 용기를 허락하소서.

OOO가 언제나 주님께 의탁하며
목자의 음성을 알아듣는 양처럼 살아갈 수 있도록 지켜주소서.
우리 주 그리스도를 통하여 비나이다.
아멘.

어린 자녀가 바치는 기도

할머니, 할아버지를 위한 기도

사랑하는 예수님,
저희 할머니, 할아버지를 축복해주시고
건강하고 안전하게 지켜주세요.
제가 언제나 감사하는 마음으로
할머니, 할아버지와 기쁘게 지낼 수 있도록 도와주세요.
아멘.

아빠를 위한 기도

사랑하는 예수님,
저희 아빠를 축복해주시고
아빠가 피곤하거나 걱정이 많을 때에도
힘을 낼 수 있게 도와주세요.
그리고 제가 아빠를 얼마나 사랑하는지
아빠가 느낄 수 있게 도와주세요.
아멘.

엄마를 위한 기도

사랑하는 예수님,
저희 엄마를 축복해주시고
엄마가 힘들고 어려울 때에
예수님께서 꼭 곁에 계셔주세요.
그리고 제가 엄마를 얼마나 사랑하는지
엄마가 느낄 수 있게 도와주세요.
아멘.

선생님을 위한 기도

예수님,
○○○ 선생님을 위해서 기도드려요.
저희와 함께해 주시는 선생님께
축복을 많이 내려주세요.
우리 선생님을 만나는 모든 친구들이
선생님 말씀을 잘 듣고
다 같이 즐겁게 지낼 수 있도록 도와주세요.
아멘.

어린이 봉사자의 기도 (복사단, 전례단, 성가대 등)

사랑이신 예수님,
제가 성당에서 봉사할 때에
저와 함께해주시고
예수님과 이웃에게 기쁨을 드릴 수 있도록 해주세요.
제가 예수님을 닮아
언제나 좋은 말과 행동으로
친구들에게 모범이 될 수 있도록 도와주세요.
아멘.

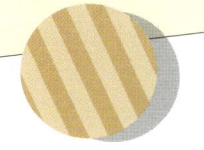

부모 5

부모를 위한 기도

인자하신 하느님,
당신께서는 저희에게
부모를 공경하라 가르치셨습니다.

당신의 온유함에 의탁하며
저희 부모님을 위해 간절히 기도드리오니
그들의 헌신과 노고를 기억하시어
아낌없이 축복해주시고
저희에게서 위로와 힘을 얻을 수 있도록
은총을 내려주소서.

또한 부모님의 몸과 마음을 건강하게 돌보아주시어
지상에서 함께 행복하게 살다가
마침내 당신 곁에서 영원한 기쁨을 누릴 수 있도록
이끌어주소서.
우리 주 그리스도를 통하여 비나이다.
아멘.

조부모를 위한 기도

사랑이신 하느님,
저희 부모님을 길러주시고
저를 사랑으로 보살펴주신
조부모님을 위하여 기도드리오니
그들의 헌신과 노고를 기억하시어
충만한 은총과 축복을 베풀어주소서.

매일의 삶에서 그들이 참된 기쁨과 평화를 누리게 하시고
모든 질병과 고통으로부터 지켜주시며
당신 안에서 영원한 안식을 얻을 때까지 함께하여 주소서.
우리 주 그리스도를 통하여 비나이다.
아멘.

슬퍼하는 이들을 위한 기도 6

세상을 떠난 가족을 위한 기도

하느님 아버지,
믿는 이들에게는 죽음이 끝이 아니라
영원한 삶의 시작이라는 것을 믿습니다.

세상을 떠난 OOO를 위하여 기도드리오니
당신 곁으로 돌아간 OOO를 자비로운 품에 안아주시고
영원한 안식을 누릴 수 있도록 돌보아주소서.

죽음을 이기고 부활하신 그리스도와 함께
저희의 슬픔과 눈물을 위로하여 기쁨으로 바꾸어주시고
언젠가 당신의 나라에서 다시 만나 주님을 찬양하게 하소서.
우리 주 그리스도를 통하여 비나이다.
아멘.

자녀를 잃은 이들을 위한 기도

위로자이신 하느님,
당신을 믿는 이들에게는
슬픔 속에서도 위안이 있고
절망 앞에서도 희망이 있으며
죽음 가운데에서도 생명이 있습니다.

상실의 고통 중에 있는 OOO와 OOO를 위하여 기도하오니
이 가정이 당신의 자비로운 손길에 의탁하여
지금의 시련을 견디어낼 수 있도록
위로와 치유의 은총을 베풀어주소서.

또한 자녀를 잃고 슬퍼하는 모든 이들이
하느님 나라에서 다시 만날 희망을 간직하며
평화롭게 살아갈 수 있도록 돌보아주소서.
우리 주 그리스도를 통하여 비나이다.
아멘.

낙태로 아파하는 이들을 위한 기도

생명의 근원이신 아버지 하느님,
낙태의 기억으로 마음 아파하는
모든 이를 위하여 기도드립니다.

당신의 아들 예수님의 희생으로
저희에게 구원의 길을 마련해주셨으니
당신의 자비에 의탁하는 이들에게
용서와 치유의 은총을 베풀어주소서.

또한 탓 없이 세상을 떠난 어린 생명이
당신의 무한하신 사랑 안에 있음을 깨달아
위안과 평화를 얻게 하소서.
우리 주 그리스도를 통하여 비나이다.
아멘.

반려동물을 떠나보낸 가족의 기도

모든 피조물을 사랑으로 창조하신 하느님,
저희 가족에게 반려동물 OOO와
함께할 수 있는 시간을 허락해 주셔서 감사드립니다.

OOO와 헤어져 아파하는 저희의 마음을 헤아려주시고
이별의 슬픔보다는 행복했던 순간을 기억하며 살아가게 해주소서.

저희가 반려동물 OOO를 사랑했듯이
당신이 생명을 주신 모든 존재를 더욱 아끼고 사랑하게 하소서.
우리 주 그리스도를 통하여 비나이다.
아멘.

가정 7

가정을 위한 기도

하느님 아버지,
저희 가정을 사랑으로 보살펴주심에 감사드립니다.

저희 가정이
당신께서 주신 참된 기쁨과 평화를 간직하고
인내와 친절로써 이웃에게 선행을 베풀게 하소서.

또한 살아계신 주님을 모신 작은 교회로서
당신의 영광을 드러내게 하소서.
우리 주 그리스도를 통하여 비나이다.
아멘.

가족의 안전을 위한 기도

전능하신 하느님,
사랑하는 저희 가족 OOO를 위해 기도하오니
온갖 유혹과 시련에서 그를 보호하시고
사고의 위험에서 지켜주소서.

오늘 OOO가 만나는 모든 이를 축복해주시고
주어진 시간을 성실하고 기쁘게 지내다가
안전하게 보금자리로 돌아오게 해주소서.
아멘.

아픈 가족을 위한 기도

희망이신 하느님,
아파하는 가족 OOO를 위해 기도하오니
그가 탓 없는 고통을 참아 받으신 예수님의 사랑을 기억하며
주님과 함께 이 시련을 이겨낼 수 있도록 힘과 용기를 주시고
치유의 은총을 베풀어주소서.
우리 주 그리스도를 통하여 비나이다.
아멘.

위기를 겪고 있는 가정의(가정을 위한) 기도

보호자이신 하느님 아버지,
위기를 겪고 있는 저희(OOO의) 가정을
당신의 자비에 맡겨드립니다.

저희(OOO의) 가정이 성령 하느님의 이끄심에 따라
굳건한 믿음과 사랑으로 서로를 격려하며
더욱 일치할 수 있도록 은총을 베풀어주소서.

저희가(그들이) 지금의 위기에 절망하지 않고
당신 안에 머물며 이 시간을 이겨낼 수 있도록
인내와 용기를 주소서.
우리 주 그리스도를 통하여 비나이다.
아멘.

03 함께 바치는 가정 기도 예식

| 함께 바치는 가정 기도 예식

01. 말씀과 함께하는 가정 기도

가족이 함께 모여 기도할 수 있는 자리를 마련한다. 필요에 따라서 십자고상이나 성상, 초, 성경, 가톨릭 기도서, 가톨릭 성가, 「가정 기도 길잡이」를 준비한다. 가족이 모두 모이면 성호경을 바치며 기도를 시작한다.

시작 기도

성호경

성부와 성자와 성령의 이름으로. 아멘.

주님 초대 기도

하느님 아버지, 오늘 저희를 한자리에 불러주심에 감사드립니다.
또한 지금까지 저희 가정에 베풀어주신 모든 은혜에 감사드립니다.
저희가 마음 모아 봉헌하는 이 시간에 함께 하여 주시고,
주님 안에서 평화와 행복을 나누는 시간이 될 수 있도록 축복하여 주소서.
◎ 아멘.

📖 하느님 말씀

가족 중의 한 사람이 아래의 성경 말씀 또는 그날 미사의 독서나 복음 말씀을 읽는다. 이외에도 자유롭게 성경 말씀을 선택할 수 있다. (부록 참조)

[콜로새 신자들에게 보낸 서간 3,12-17]

하느님께 선택된 사람, 거룩한 사람, 사랑받는 사람답게 마음에서 우러나오는 동정과 호의와 겸손과 온유와 인내를 입으십시오.
누가 누구에게 불평할 일이 있더라도 서로 참아 주고 서로 용서해 주십시오. 주님께서 여러분을 용서하신 것처럼 여러분도 서로 용서하십시오.
이 모든 것 위에 사랑을 입으십시오. 사랑은 완전하게 묶어 주는 끈입니다.
그리스도의 평화가 여러분의 마음을 다스리게 하십시오. 여러분은 또한 한 몸 안에서 이 평화를 누리도록 부르심을 받았습니다. 감사하는 사람이 되십시오.
그리스도의 말씀이 여러분 가운데에 풍성히 머무르게 하십시오. 지혜를 다하여 서로 가르치고 타이르십시오. 감사하는 마음으로 하느님께 시편과 찬미가와 영가를 불러 드리십시오.
말이든 행동이든 무엇이나 주 예수님의 이름으로 하면서, 그분을 통하여 하느님 아버지께 감사를 드리십시오.
+ 주님의 말씀입니다.
◎ 하느님 감사합니다.

 묵상

잠시 침묵 중에 말씀을 묵상하고 마음에 와닿는 내용을 떠올려본다.

말씀 나눔과 생활 나눔

각자가 말씀을 통해 느낀 점이나 가족에게 전하고 싶은 이야기를 간단하게 나눈다. 생활 나눔 중에는 특별히 감사한 마음이 있다면 전해본다.
자유로운 분위기에서 나눔을 이어가되 한 사람이 너무 오래 이야기하지 않도록 한다. 나눔을 어려워하는 가족이 있다면 넘어가도 좋다.

 기도와 축복

가톨릭 기도서나 「가정 기도 길잡이」를 활용하여 가정에 필요한 기도를 바친다. 기도를 모두 바친 후 가족 간에 축복의 인사를 나눈다.
서로 안아주거나 머리에 손을 얹고 침묵 중에 짧은 축복기도를 바친다.

 마침 기도

함께 성가를 부르거나 영광송을 바치며 기도를 마친다.

영광송
영광이 성부와 성자와 성령께
처음과 같이 이제와 항상 영원히. 아멘.

성호경
성부와 성자와 성령의 이름으로. 아멘.

| 함께 바치는 가정 기도 예식

02. 가족 축복 예식

이 예식은 특별한 날이나 모임에서 가족의 축복을 위해 할 수 있다.
가족 가운데 한 사람이 주례 역할을 맡는다.
가족이 모두 모이면 성호경을 바치며 예식을 시작한다.

 시작 기도

성호경

성부와 성자와 성령의 이름으로. 아멘.

+ 모든 세대에 충실하신 하느님은 찬미 받으소서.
◎ 영원히 찬미 받으소서.

+ 주님, 소중한 우리 가족 OOO에게
  필요한 은총과 영육간의 건강을 허락하소서.
◎ 아멘.

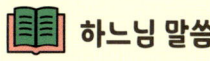 **하느님 말씀**

가족 중의 한 사람이 아래의 성경 말씀 또는 그날 미사의 독서나 복음 말씀을 읽는다. 이외에도 자유롭게 성경 말씀을 선택할 수 있다. (부록 참조)

[코린토 신자들에게 보낸 첫째 서간 13,1-7.13]

내가 인간의 여러 언어와 천사의 언어로 말한다 하여도
나에게 사랑이 없으면 나는 요란한 징이나
소란한 꽹과리에 지나지 않습니다.
내가 예언하는 능력이 있고 모든 신비와 모든 지식을 깨닫고
산을 옮길 수 있는 큰 믿음이 있다 하여도
나에게 사랑이 없으면 나는 아무것도 아닙니다.
내가 모든 재산을 나누어 주고 내 몸까지 자랑스레 넘겨준다 하여도
나에게 사랑이 없으면 나에게는 아무 소용이 없습니다.
사랑은 참고 기다립니다. 사랑은 친절합니다.
사랑은 시기하지 않고 뽐내지 않으며 교만하지 않습니다.
사랑은 무례하지 않고 자기 이익을 추구하지 않으며
성을 내지 않고 앙심을 품지 않습니다.
사랑은 불의에 기뻐하지 않고 진실을 두고 함께 기뻐합니다.
사랑은 모든 것을 덮어 주고 모든 것을 믿으며
모든 것을 바라고 모든 것을 견디어 냅니다.
믿음과 희망과 사랑 이 세 가지는 계속됩니다.
그 가운데에서 으뜸은 사랑입니다.
✚ 주님의 말씀입니다.
◎ 하느님 감사합니다.

📖 기도와 축복

가톨릭 기도서나 「가정 기도 길잡이」를 활용하여 OOO에게 필요한 기도를 바친다. 기도를 모두 바친 후 가족이 차례대로 OOO를 안아주거나 머리에 손을 얹고 침묵 중에 짧은 축복기도를 바친다.

+ 전능하신 하느님,
  저희 OOO를 축복해주시고
  그가 당신의 사랑 안에 충실히 머물며
  주님의 현존을 드러내는 표지가 되게 해주소서.
  우리 주 그리스도를 통하여 비나이다.
◎ 아멘.

+ 주님, 언제나 저희 모두를 지켜주시고 축복해주소서.
◎ 아멘.

성호경

성부와 성자와 성령의 이름으로. 아멘.

| 함께 바치는 가정 기도 예식

03. 성모님과 함께하는 가정을 위한 기도

○ 천주의 성모님,
  세상의 모든 이가 잉태의 순간부터 죽음에 이르기까지 존중받을 수 있도록
  도와주소서.
● 성모 마리아님, 저희를 위하여 빌어 주소서. (이 후렴을 반복한다.)

○ 아기 예수의 어머니,
  성 요셉과 함께 성가정을 이루셨듯이 모든 가정이 거룩해지도록 도와주소서. ●

○ 근심하는 이의 위안이신 어머니,
  당신은 부모의 소명을 거룩하게 하셨으니
  자녀로 인해 어려움을 겪는 가정에 위로와 희망을 전해주소서. ●

○ 하느님의 부르심에 순명하신 어머니,
  모든 가정이 하느님의 부르심에 언제나 "예"라고 응답하고
  그분의 뜻에 따라 살아가게 하소서. ●

○ 고통받는 이들의 위로자이신 어머니,
  가난하고 소외된 가정들을 주님께 봉헌하오니
  그들이 하느님의 사랑과 자비를 얻게 하소서. ●

○ 사랑하올 어머니,
  모든 가정이 삶의 모범으로 하느님의 넘치는 사랑을 세상에 드러내게 하소서. ●

◎ 자애로우신 동정 마리아님, 저희가 하느님과 멀어져 있을 때에도
  아무런 도움 없이 홀로 남겨진 적이 없음을 믿어 고백하며 기도드리오니
  당신의 전구로 천상 은총을 얻어 영원한 기쁨을 누리게 하소서.
  우리 주 그리스도를 통하여 비나이다.
  아멘.

| 함께 바치는 가정 기도 예식

04. 가정 제례 예식

한국 천주교 가정 제례 예식은 한국 천주교 주교회의·한국 천주교 중앙 협의회 홈페이지에서 보실 수 있습니다. (www.cbck.or.kr)

한국천주교가정제례예식

부 록 : 가정 기도 길잡이 독서 목록

 01. 구약

① 창세기 15,1-6; 21,1-3

주님의 말씀이 환시 중에 아브람에게 내렸다. "아브람아, 두려워하지 마라. 나는 너의 방패다. 너는 매우 큰 상을 받을 것이다."
그러자 아브람이 아뢰었다. "주 하느님, 저에게 무엇을 주시렵니까? 저는 자식 없이 살아가는 몸, 제 집안의 상속자는 다마스쿠스 사람 엘리에제르가 될 것입니다."
아브람이 다시 아뢰었다. "저를 보십시오. 당신께서 자식을 주지 않으셔서, 제 집의 종이 저를 상속하게 되었습니다."
그러자 주님의 말씀이 그에게 내렸다. "그가 너를 상속하지 못할 것이다. 네 몸에서 나온 아이가 너를 상속할 것이다."
그러고는 그를 밖으로 데리고 나가서 말씀하셨다. "하늘을 쳐다보아라. 네가 셀 수 있거든 저 별들을 세어 보아라." 그에게 또 말씀하셨다. "너의 후손이 저렇게 많아질 것이다."
아브람이 주님을 믿으니, 주님께서 그 믿음을 의로움으로 인정해 주셨다.
주님께서는 말씀하신 대로 사라를 돌보셨다. 주님께서 말씀하신 대로 사라에게 해 주시니,
사라가 임신하여, 하느님께서 아브라함에게 일러 주신 바로 그때에 늙은 아브라함에게 아들을 낳아 주었다.
아브라함은 사라가 자기에게 낳아 준 아들의 이름을 이사악이라 하였다.

❷ 시편 128

행복하여라, 주님을 경외하는 이 모두
그분의 길을 걷는 이 모두!
네 손으로 벌어들인 것을 네가 먹으리니
너는 행복하여라, 너는 복이 있어라.
네 집 안방에는 아내가
풍성한 포도나무 같고
네 밥상 둘레에는 아들들이
올리브 나무 햇순들 같구나.
보라, 주님을 경외하는 사람은
이렇듯 복을 받으리라.
주님께서는 시온에서 너에게 복을 내리시어
네 평생 모든 날에
예루살렘의 번영을 보며
네 아들의 아들들을 보게 하시리라.
이스라엘에 평화가 있기를!

③ 집회서 3,2-6.12-14

주님께서 자녀들로 아버지를 영광스럽게 하시고
아들에 대한 어머니의 권리를 보장하셨다.
아버지를 공경하는 이는 죄를 용서받는다.
제 어머니를 영광스럽게 하는 이는 보물을 쌓는 이와 같다.
아버지를 공경하는 이는 자녀들에게서 기쁨을 얻고
그가 기도하는 날 받아들여진다.
아버지를 영광스럽게 하는 이는 장수하고
주님의 말씀에 귀 기울이는 이는 제 어머니를 편안하게 한다.
얘야, 네 아버지가 나이 들었을 때 잘 보살피고
그가 살아 있는 동안 슬프게 하지 마라.
그가 지각을 잃더라도 인내심을 가지고
그를 업신여기지 않도록 네 힘을 다하여라.
아버지에 대한 효행은 잊히지 않으니
네 죄를 상쇄할 여지를 마련해 주리라.

02. 서간

① 콜로새 신자들에게 보낸 서간 3,12-17

하느님께 선택된 사람, 거룩한 사람, 사랑받는 사람답게 마음에서 우러나오는 동정과 호의와 겸손과 온유와 인내를 입으십시오.

누가 누구에게 불평할 일이 있더라도 서로 참아 주고 서로 용서해 주십시오. 주님께서 여러분을 용서하신 것처럼 여러분도 서로 용서하십시오.

이 모든 것 위에 사랑을 입으십시오. 사랑은 완전하게 묶어 주는 끈입니다. 그리스도의 평화가 여러분의 마음을 다스리게 하십시오. 여러분은 또한 한 몸 안에서 이 평화를 누리도록 부르심을 받았습니다. 감사하는 사람이 되십시오.

그리스도의 말씀이 여러분 가운데에 풍성히 머무르게 하십시오. 지혜를 다하여 서로 가르치고 타이르십시오. 감사하는 마음으로 하느님께 시편과 찬미가와 영가를 불러 드리십시오.

말이든 행동이든 무엇이나 주 예수님의 이름으로 하면서, 그분을 통하여 하느님 아버지께 감사를 드리십시오.

② 요한의 첫째 서간 3,1-2.21-24

아버지께서 우리에게 얼마나 큰 사랑을 주시어 우리가 하느님의 자녀라 불리게 되었는지 생각해 보십시오. 과연 우리는 그분의 자녀입니다. 세상이 우리를 알지 못하는 까닭은 세상이 그분을 알지 못하였기 때문입니다.

사랑하는 여러분, 이제 우리는 하느님의 자녀입니다. 우리가 어떻게 될지는 아직 드러나지 않았지만, 그분께서 나타나시면 우리도 그분처럼 되리라는 것은 알고 있습니다. 그분을 있는 그대로 뵙게 될 것이기 때문입니다.

사랑하는 여러분, 마음이 우리를 단죄하지 않으면 우리는 하느님 앞에서 확신을 가지게 됩니다.

그리고 우리가 청하는 것은 다 그분에게서 받게 됩니다. 우리가 그분의 계명을 지키고 그분 마음에 드는 것을 하기 때문입니다.

그분의 계명은 이렇습니다. 그분께서 우리에게 명령하신 대로, 그분의 아드님이신 예수 그리스도의 이름을 믿고 서로 사랑하라는 것입니다.

그분의 계명을 지키는 사람은 그분 안에 머무르고, 그분께서도 그 사람 안에 머무르십니다. 그리고 그분께서 우리 안에 머무르신다는 것을 우리는 바로 그분께서 우리에게 주신 성령으로 알고 있습니다.

❸ 히브리인들에게 보낸 서간 11,8.11-12.17-19

믿음으로써, 아브라함은 장차 상속 재산으로 받을 곳을 향하여 떠나라는 부르심을 받고 그대로 순종하였습니다. 그는 어디로 가는지도 모르고 떠난 것입니다.

믿음으로써, 사라는 아이를 가지지 못하는 여인인 데다 나이까지 지났는데도 임신할 능력을 얻었습니다. 약속해 주신 분을 성실하신 분으로 여겼기 때문입니다.

그리하여 한 사람에게서, 그것도 죽은 것이나 다름없는 사람에게서 하늘의 별처럼 수가 많고 바닷가의 모래처럼 셀 수 없는 후손이 태어났습니다.

믿음으로써, 아브라함은 시험을 받을 때에 이사악을 바쳤습니다. 약속을 받은 아브라함이 외아들을 바치려고 하였습니다.

그 외아들을 두고 하느님께서는 일찍이, "이사악을 통하여 후손들이 너의 이름을 물려받을 것이다." 하고 말씀하셨습니다.

아브라함은 하느님께서 죽은 사람까지 일으키실 수 있다고 생각하였습니다. 그리하여 이사악을 하나의 상징으로 돌려받은 것입니다.

④ 코린토 신자들에게 보낸 첫째 서간 13,1-7.13

내가 인간의 여러 언어와 천사의 언어로 말한다 하여도
나에게 사랑이 없으면 나는 요란한 징이나
소란한 꽹과리에 지나지 않습니다.
내가 예언하는 능력이 있고 모든 신비와 모든 지식을 깨닫고
산을 옮길 수 있는 큰 믿음이 있다 하여도
나에게 사랑이 없으면 나는 아무것도 아닙니다.
내가 모든 재산을 나누어 주고 내 몸까지 자랑스레 넘겨준다 하여도
나에게 사랑이 없으면 나에게는 아무 소용이 없습니다.
사랑은 참고 기다립니다. 사랑은 친절합니다.
사랑은 시기하지 않고 뽐내지 않으며 교만하지 않습니다.
사랑은 무례하지 않고 자기 이익을 추구하지 않으며
성을 내지 않고 앙심을 품지 않습니다.
사랑은 불의에 기뻐하지 않고 진실을 두고 함께 기뻐합니다.
사랑은 모든 것을 덮어 주고 모든 것을 믿으며
모든 것을 바라고 모든 것을 견디어 냅니다.
믿음과 희망과 사랑 이 세 가지는 계속됩니다.
그 가운데에서 으뜸은 사랑입니다.

03. 복음서

1 마태오 복음서 2,13-15.19-23

박사들이 돌아간 뒤, 꿈에 주님의 천사가 요셉에게 나타나서 말하였다. "일어나 아기와 그 어머니를 데리고 이집트로 피신하여, 내가 너에게 일러 줄 때까지 거기에 있어라. 헤로데가 아기를 찾아 없애 버리려고 한다."
요셉은 일어나 밤에 아기와 그 어머니를 데리고 이집트로 가서,
헤로데가 죽을 때까지 거기에 있었다. 주님께서 예언자를 통하여,
"내가 내 아들을 이집트에서 불러내었다."
하신 말씀이 이루어지려고 그리된 것이다.
헤로데가 죽자, 꿈에 주님의 천사가 이집트에 있는 요셉에게 나타나서 말하였다.
"일어나 아기와 그 어머니를 데리고 이스라엘 땅으로 가거라. 아기의 목숨을 노리던 자들이 죽었다."
요셉은 일어나 아기와 그 어머니를 데리고 이스라엘 땅으로 들어갔다.
그러나 아르켈라오스가 아버지 헤로데를 이어 유다를 다스린다는 말을 듣고, 그곳으로 가기를 두려워하였다.
그러다가 꿈에 지시를 받고 갈릴래아 지방으로 떠나,
나자렛이라고 하는 고을로 가서 자리를 잡았다. 이로써 예언자들을 통하여 "그는 나자렛 사람이라고 불릴 것이다." 하신 말씀이 이루어졌다.

② 루카 복음서 2,22.39-40

모세의 율법에 따라 정결례를 거행할 날이 되자, 예수님의 부모는 아기를 예루살렘으로 데리고 올라가 주님께 바쳤다.
주님의 법에 따라 모든 일을 마치고 나서, 그들은 갈릴래아에 있는 고향 나자렛으로 돌아갔다.
아기는 자라면서 튼튼해지고 지혜가 충만해졌으며, 하느님의 총애를 받았다.

③ 루카 복음서 2,41-52

예수님의 부모는 해마다 파스카 축제 때면 예루살렘으로 가곤 하였다.
예수님이 열두 살 되던 해에도 이 축제 관습에 따라 그리로 올라갔다.
그런데 축제 기간이 끝나고 돌아갈 때에 소년 예수님은 예루살렘에 그대로 남았다. 그의 부모는 그것도 모르고,
일행 가운데에 있으려니 여기며 하룻길을 갔다. 그런 다음에야 친척들과 친지들 사이에서 찾아보았지만,
찾아내지 못하였다. 그래서 예루살렘으로 돌아가 그를 찾아다녔다.
사흘 뒤에야 성전에서 그를 찾아냈는데, 그는 율법 교사들 가운데에 앉아 그들의 말을 듣기도 하고 그들에게 묻기도 하고 있었다.
그의 말을 듣는 이들은 모두 그의 슬기로운 답변에 경탄하였다.
예수님의 부모는 그를 보고 무척 놀랐다. 예수님의 어머니가 "얘야, 우리에게 왜 이렇게 하였느냐? 네 아버지와 내가 너를 애타게 찾았단다." 하자,
그가 부모에게 말하였다. "왜 저를 찾으셨습니까? 저는 제 아버지의 집에 있어야 하는 줄을 모르셨습니까?"
그러나 그들은 예수님이 한 말을 알아듣지 못하였다.
예수님은 부모와 함께 나자렛으로 내려가, 그들에게 순종하며 지냈다. 그의 어머니는 이 모든 일을 마음속에 간직하였다.
예수님은 지혜와 키가 자랐고 하느님과 사람들의 총애도 더하여 갔다.